MILES DE PALABRAS QUE USTED YA CONOCE EN INGLÉS

THOUSANDS OF WORDS YOU ALREADY KNOW IN SPANISH

THOUSANDS OF WORDS YOU ALREADY KNOW IN SPANISH

*3024 common, useful, Spanish nouns, verbs, and
adjectives already in your vocabulary*

compiled by
Richard Kirschman & Doris Ober

Villca Qutu Publishers
Dogtown, California
USA

Watch for other books in the series WORDS YOU ALREADY
KNOW: English-French, French-Spanish, Spanish-Italian,
Italian-French, English-Italian

MILES DE PALABRAS QUE USTED YA CONOCE EN INGLÉS

3024 nombres, verbos y adjetivos en inglés, de uso común y útil, que usted ya tiene en su vocabulario

compiladas por
Richard Kirschman & Doris Ober

Villca Qutu Publishers
Dogtown, California
USA

Busque los libros de la serie PALABRAS QUE USTED YA CONOCE: Francés-Inglés, Español-Francés, Francés-Italiano, Italiano-Inglés, Español-Italiano

© 1995 by Richard Kirschman and Doris Ober

Published by Villca Qutu Publishers
Star Route
Dogtown, CA 94924
USA

Library of Congress Cataloging in Publication Data
Thousands of Words You Already Know in Spanish
Miles de palabras que usted ya conoce en inglés

Library of Congress Catalog Card Number: 93-60854
ISBN 1-883843-11-1

Printed in the United States of America
Designed by David Carter
Carter Press, Oakland, CA 94604
USA

For information (para información) contact:
Villca Qutu Publishers
Star Route, Dogtown, CA 94924
USA
fax [415] 868-1500

Reconocimientos

Muchas gracias a Víctor Reyes por sus cuidadosas traducciones y ojo de lince, a Janine Warner por su ayuda organizacional, y a Jorge Bustamante, Richard Rodríguez, Philip Fradkin y Bertha Luz Hidalgo de Zarco por su entusiasmo y aliento.

Acknowledgements

Special thanks to Victor Reyes for his careful translations and eagle eye, Janine Warner for her organizational assistance, Jorge Bustamante, Richard Rodriguez, Philip Fradkin, and Bertha Luz Hidalgo de Zarco for their enthusiasm and encouragement.

TABLE OF CONTENTS

INDICE

INTRODUCTION

If you thought that learning Spanish would be too difficult, then think again! *Here are over three thousand words you already know in Spanish.* They are words that are exactly like the English in spelling and meaning, or they are words so similar to the English, that if you guessed their spelling or meaning, you would be right—or at least you would be close enough to be understood.

The key to learning any new language is not in memorizing grammar or new words; the key is in understanding and being understood. And how much easier it is to be both when *you already know* so many Spanish words.

This little book does not teach you how to make sentences in Spanish, but it does make you aware that you already have a good Spanish vocabulary, and it will teach you something about what English and Spanish have in common. To help, we have divided the words you already know into seven major categories, which you can see defined in the Table of Contents.

These categories illustrate the most obvious relationships between some Spanish and English words, for instance, that *tion* in English becomes *ción* in Spanish (as in *anticipation* and *anticipación*); or that words that end in *y* in English may be the same word in Spanish that ends in *ia* (like *memory* and *memoria*).

Here are some other helpful hints to know about this new language:

About spelling: Though English and Spanish share the same alphabet, we sometimes spell words differently. Don't worry about spelling when you are beginning to learn a new language. Spanish spellers use fewer double letters than we do—an *antenna* in English is an *antena* in Spanish, *indifferent* in English is *indiferente* in Spanish. When you are learning, it is okay to be *indifferent* or *indiferente* to spelling. *Communication* (or *comunicación*) is the more

INTRODUCCIÓN

Si pensaba que aprender inglés era algo demasiado difícil ¡Es hora de que lo piense otra vez! *Aquí hay más de tres mil palabras en inglés que usted ya conoce.* Son palabras que se escriben igual y significan exactamente lo mismo que en español, o bien, son tan parecidas al español, que si usted trata de adivinar su significado o cómo se escriben, casi seguro acertará, o al menos será tan aproximado que le entenderán.

La clave para aprender cualquier idioma no es memorizando la gramática o las nuevas palabras, sino en entender y ser entendido. Y estas dos cosas se facilitan mucho más cuando usted *ya conoce* muchas palabras en inglés.

Este pequeño libro no le enseñará cómo hacer frases en inglés, pero le hará saber que ya tiene un buen vocabulario en inglés, así como algo de lo que el español y el inglés tienen en común. Para ayudarle, hemos dividido las palabras que usted ya conoce en siete grandes categorías, las que podrá ver definidas en el índice.

Estas categorías ilustran las relaciones más obvias entre algunas palabras en inglés y español; por ejemplo, que *ción* en español se convierte en *tion* en inglés (como *anticipación* y *anticipation*); o que las palabras que terminan en *ia* o *ía* en español, podrían ser las mismas que terminan en *y* en inglés (como *memoria* y *memory*).

He aquí otras sugerencias para ayudarle a saber más sobre este nuevo idioma:

Sobre la escritura: Aunque el inglés y el español tiene el mismo alfabeto, muchas veces las palabras se escriben de manera diferente. No se preocupe sobre cómo escribirlas cuando empiece a aprender un idioma nuevo. Quienes escriben en inglés gustan de usar muchas letras dobles; así, una *antena* en español es una *antenna* en inglés, o *indiferente* en español es *indifferent* en inglés. Cuando usted aprende, no

important thing.

About pronunciation: If you are a beginner, take comfort in the fact that most Spanish-speakers appreciate that you are trying to learn their language and actually like the sound of your accent. Although it may be hard to believe in the beginning, after a while you will learn to recognize the sound of Spanish words. Until then, use these lists of words to *see* the similarities, and then begin to *listen* for them. Practice using these words in sentences at home, or among friends who also want to learn to speak Spanish.

The sound of the language: Listen to Spanish whenever and wherever you can. Spanish-language television is an especially good tool for learning. The more familiar you become with the sound of Spanish being spoken, the sooner you will be able to distinguish one word from another.

No matter how you choose to learn Spanish—whether in school, at home, on the job, or with language tapes—this book will serve as your companion-text, to always remind you that *you already know more than three thousand words!*

Good luck!

importa tanto si escribe *indiferente* o *indifferent*. Lo más importante es la *comunicación* (o *communication* en inglés).

Sobre los acentos: En el idioma inglés no se escriben los acentos.

Sobre el género: En el idioma inglés no se especifica el género de las palabras (masculino o femenino).

Sobre la pronunciación: Si es usted principiante, siéntase mejor al saber que la mayoría de quienes hablan inglés aprecian el que usted esté tratando de aprender su idioma, e incluso, les gusta cómo suena su acento. Aunque al principio pueda ser difícil de creer, después de un poco aprenderá a reconocer el sonido de las palabras en inglés. Mientras tanto, use estas listas de palabras para ver las similitudes y después empiece a escuchar su sonido.

Practique usando estas palabras en frases y oraciones, bien sea en casa o con amigos que también quieran aprender a hablar inglés.

El sonido del idioma: Escuche el inglés cuando y donde usted pueda. Los programas de televisión en inglés son una herramienta muy buena para aprender. Mientras más se familiarice con el sonido del inglés hablado, más pronto podrá distinguir entre una palabra y otra.

¿Sabía usted: que en muchas comunidades se ofrecen cursos gratuitos de inglés como segundo idioma? Asista a uno. ¡Aprender un idioma requiere de acción!

No importa cómo elija usted aprender inglés; ya sea en la escuela, en casa, en el trabajo o con cintas, este libro le servirá como un texto que le acompañará, recordándole siempre que *¡Usted ya sabe más de tres mil palabras!*

¡Buena Suerte!

Palabras que son idénticas o casi idénticas en inglés.

Words that are identical or nearly identical in Spanish.

A

abdomen	*abdomen*
abominable	*abominable*
abrasión	*abrasion*
abundante	*abundant*
accesible	*accessible*
accidental	*accidental*
acordeón	*accordion*
actor	*actor*
adhesión	*adhesion*
administrador	*administrator*
admirable	*admirable*
admisible	*admissible*
adobe	*adobe*
adorable	*adorable*
adverbial	*adverbial*
aeronáutica	*aeronautics*
África	*Africa*
ágil	*agile*
agresión	*aggression*
Albania	*Albania*
álbum	*album*
albumen	*albumen*
alcohol	*alcohol*
alfalfa	*alfalfa*
alias	*alias*
altar	*altar*

altitud	*altitude*
alusión	*allusion*
aluvial	*alluvial*
amateur	*amateur*
ambidextro	*ambidextrous*
amén	*amen*
América	*America*
amnesia	*amnesia*
análisis	*analysis*
Andes	*the Andes*
anemia	*anemia*
ángel	*angel*
angular	*angular*
animal	*animal*
antena	*antenna*
antílope	*antelope*
anual	*annual*
apendicitis	*appendicitis*
aplicable	*applicable*
aptitud	*aptitude*
área	*area*
archipiélago	*archipelago*
Argentina	*Argentina*
Aries	*Aries*
armada	*armada*
aroma	*aroma*
arsenal	*arsenal*
artificial	*artificial*
artritis	*arthritis*
asbesto	*asbestos*
ascensión	*ascension*

Asia	*Asia*
atlas	*atlas*
audible	*audible*
auditor	*auditor*
Australia	*Australia*
Austria	*Austria*
auto	*auto*
automóvil	*automobile*
aversión	*aversion*
aviador	*aviator*
Azores	*the Azores*

B

bacteria	*bacteria*
balística	*ballistics*
balsa	*balsa*
ballet	*ballet*
bambú	*bamboo*
bar	*bar*
barman	*barman*
basílica	*basilica*
bazar	*bazaar*
bestial	*bestial*
bisexual	*bisexual*
bluejean	*blue jeans*
bohemio	*Bohemian*
boletín	*bulletin*
Bolivia	*Bolivia*
bonanza	*bonanza*
braille	*braille*

Brasil	*Brazil*
brutal	*brutal*
búfalo	*buffalo*
burro	*burro*

C

cabaret	*cabaret*
cable	*cable*
cadáver	*cadaver*
calibre	*caliber*
calicó	*calico*
camping	*camping*
Canadá	*Canada*
canal	*canal*
cáncer	*cancer*
candor	*candor*
caníbal	*cannibal*
cañón	*canyon*
canon	*cannon*
capital	*capital*
carácter	*character*
carburador	*carburetor*
cardinal	*cardinal*
carnal	*carnal*
carnaval	*carnival*
cassette	*cassette*
celestial	*celestial*
censor	*censor*
central	*central*
cereal	*cereal*

ceremonial	*ceremonial*
certificado	*certificate*
champaña	*champagne*
charlatán	*charlatan*
chasís	*chassis*
Chile	*Chile*
China	*China*
chocolate	*chocolate*
circular	*circular*
circuncisión	*circumcision*
circunferencia	*circumference*
civil	*civil*
clamor	*clamor*
clarinete	*clarinet*
clerical	*clerical*
clímax	*climax*
club	*club*
cobra	*cobra*
coerción	*coercion*
cohesión	*cohesion*
colaborador	*collaborator*
colateral	*collateral*
colector	*collector*
colisión	*collision*
Colombia	*Colombia*
colon	*colon*
colonial	*colonial*
color	*color*
colosal	*colossal*
collar	*collar*
combustión	*combustion*

comercial	*commercial*
comisión	*commission*
comité	*committee*
comparable	*comparable*
compasión	*compassion*
compatible	*compatible*
compresión	*compression*
compulsión	*compulsion*
comunión	*communion*
concesión	*concession*
conclusión	*conclusion*
concusión	*concussion*
cóndor	*condor*
conductor	*conductor*
confesión	*confession*
confidencial	*confidential*
confortable	*comfortable*
confusión	*confusion*
considerable	*considerable*
consomé	*consommé*
conspirador	*conspirator*
cónsul	*consul*
consular	*consular*
continental	*continental*
contorsión	*contortion*
control	*control*
convencional	*conventional*
conversión	*conversion*
convoy	*convoy*
convulsión	*convulsion*
cordial	*cordial*

corporal	*corporal*
corral	*corral*
correspondiente	*correspondent*
Costa Rica	*Costa Rica*
coyote	*coyote*
cráter	*crater*
creador	*creator*
criminal	*criminal*
crisis	*crisis*
cristal	*crystal*
cruel	*cruel*
Cuba	*Cuba*
cuestión	*question*
culpable	*culpable*
cultivador	*cultivator*
curable	*curable*

D

deán	*dean*
debate	*debate*
decimal	*decimal*
decisión	*decision*
déficit	*deficit*
demencia	*dementia*
deplorable	*deplorable*
depresión	*depression*
detestable	*detestable*
detector	*detector*
diagnosis	*diagnosis*
dictador	*dictator*

difusión	*diffusion*
digestible	*digestible*
digestión	*digestion*
digital	*digital*
dilema	*dilemma*
dimensión	*dimension*
director	*director*
dirigible	*dirigible*
diván	*divan*
diversión	*diversion*
división	*division*
dócil	*docile*
doctor	*doctor*
dogma	*dogma*
dólar	*dollar*
dorsal	*dorsal*
dragón	*dragon*
drama	*drama*

E

eclipse	*eclipse*
Ecuador	*Ecuador*
editor	*editor*
editorial	*editorial*
electorado	*electorate*
electoral	*electoral*
elemental	*elemental*
élite	*elite*
emisión	*emission*
enigma	*enigma*

empírico	*empirical*
era	*era*
error	*error*
espionaje	*espionage*
estimable	*estimable*
etcétera	*etcetera*
Etiopía	*Ethiopia*
etiqueta	*etiquette*
euforia	*euphoria*
evangélico	*evangelical*
evasión	*evasion*
excepcional	*exceptional*
excursión	*excursion*
expansión	*expansion*
expensas	*expenses*
experimental	*experimental*
explosión	*explosion*
expresión	*expression*
expulsión	*expulsion*
extensión	*extension*
exterior	*exterior*
extra	*extra*

F

facial	*facial*
fácil	*facile*
factor	*factor*
familiar	*familiar*
fatal	*fatal*
favor	*favor*

favorable	*favorable*
federal	*federal*
felón	*felon*
fértil	*fertile*
fervor	*fervor*
fiasco	*fiasco*
final	*final*
fiscal	*fiscal*
flamenco	*flamenco*
flan	*flan*
flash	*flash*
flexible	*flexible*
formal	*formal*
formidable	*formidable*
fórmula	*formula*
frágil	*fragile*
fraternal	*fraternal*
fundamental	*fundamental*
funeral	*funeral*
furor	*furor*
fusión	*fusion*

G

galón	*gallon*
garaje	*garage*
garbanzo	*garbanzo*
gas	*gas*
gazpacho	*gazpacho*
generador	*generator*
general	*general*

genial	*genial*
Gibraltar	*Gibraltar*
glacial	*glacial*
golf	*golf*
góndola	*gondola*
gonorrea	*gonorrhea*
gorila	*gorilla*
gradual	*gradual*
Granada	*Granada*
gratis	*gratis*
gratitud	*gratitude*
grave	*grave*
guano	*guano*
guardián	*guardian*
Guatemala	*Guatemala*
guerrilla	*guerrilla*
gutural	*guttural*

H

habitual	*habitual*
Haití	*Haiti*
hangar	*hangar*
hemorroides	*hemorrhoids*
heterosexual	*heterosexual*
hiena	*hyena*
higiene	*hygiene*
hipopótamo	*hippopotamus*
histeria	*hysteria*
hockey	*hockey*
homosexual	*homosexual*

Honduras	*Honduras*
honor	*honor*
horizontal	*horizontal*
horrible	*horrible*
horror	*horror*
hospital	*hospital*
hotel	*hotel*

I

Ibiza	*Ibiza*
iceberg	*iceberg*
idea	*idea*
ideal	*ideal*
ilegal	*illegal*
ilusión	*illusion*
imaginable	*imaginable*
imbécil	*imbecile*
imparcial	*impartial*
impecable	*impeccable*
imperceptible	*imperceptible*
imperial	*imperial*
impermeable	*impermeable*
impersonal	*impersonal*
imperturbable	*imperturbable*
implacable	*implacable*
impopular	*unpopular*
imposible	*impossible*
impostor	*impostor*
impresión	*impression*
impresionable	*impressionable*

inaccesible	*inaccessible*
inadmisible	*inadmissible*
inalterable	*inalterable*
incalculable	*incalculable*
incisión	*incision*
incivil	*uncivil*
inclusive	*inclusive*
incomparable	*incomparable*
incompatible	*incompatible*
incomprensible	*incomprehensible*
incomunicado	*incommunicado*
inconsiderado	*inconsiderate*
incontestable	*incontestable*
incorregible	*incorrigible*
incorruptible	*incorruptible*
incurable	*incurable*
indeleble	*indelible*
independiente	*independent*
indeterminado	*indeterminate*
India	*India*
indicador	*indicator*
indigestión	*indigestion*
indispensable	*indispensable*
indisputable	*indisputable*
individual	*individual*
indivisible	*indivisible*
industrial	*industrial*
inefable	*ineffable*
ineptitud	*ineptitude*
inestimable	*inestimable*
inevitable	*inevitable*

infalible	*infallible*
infantil	*infantile*
inferior	*inferior*
infernal	*infernal*
inflamable	*inflammable*
inflexible	*inflexible*
ingratitud	*ingratitude*
inimitable	*inimitable*
inmoderado	*immoderate*
inmortal	*immortal*
insaciable	*insatiable*
inseparable	*inseparable*
insignia	*insignia*
insoluble	*insoluble*
insomnio	*insomnia*
inspector	*inspector*
instructor	*instructor*
instrumental	*instrumental*
insufrible	*insufferable*
insular	*insular*
integral	*integral*
intelectual	*intellectual*
inteligible	*intelligible*
intercesión	*intersession*
interior	*interior*
interminable	*interminable*
intolerable	*intolerable*
intrusión	*intrusion*
inumerable	*innumerable*
invariable	*invariable*
invasión	*invasion*

inventor	*inventor*
inveterado	*inveterate*
invisible	*invisible*
Irán	*Iran*
irregular	*irregular*
irremediable	*irremediable*
irresistible	*irresistible*
irresponsable	*irresponsible*
Israel	*Israel*

J

jaguar	*jaguar*
Jamaica	*Jamaica*
Jerusalén	*Jerusalem*
Jesús	*Jesus*
jovial	*jovial*
judicial	*judicial*
juvenil	*juvenile*

L

labor	*labor*
lamentable	*lamentable*
larva	*larva*
láser	*laser*
lasitud	*lassitude*
lateral	*lateral*
latín	*Latin*
latitud	*latitude*
laudable	*laudable*

laureado	*laureate*
laurel	*laurel*
lava	*lava*
legal	*legal*
legión	*legion*
liberal	*liberal*
local	*local*
longitud	*longitude*
luminoso	*luminous*
lunar	*lunar*
lustre	*luster*
llama	*llama*

M

machete	*machete*
macho	*macho*
maestro	*maestro*
magistrado	*magistrate*
magnate	*magnate*
magneto	*magnet*
magnitud	*magnitude*
malaria	*malaria*
Malta	*Malta*
mamá	*mama*
mandarín	*mandarin*
mandíbula	*mandible*
mango	*mango*
manía	*mania*
mansión	*mansion*
manual	*manual*

marginal	*marginal*
mariguana	*marijuana*
marital	*marital*
masacre	*massacre*
masón	*mason*
matador	*matador*
matemáticas	*mathematics*
maternal	*maternal*
matrimonial	*matrimonial*
mayonesa	*mayonnaise*
mediocre	*mediocre*
melodrama	*melodrama*
melón	*melon*
memorable	*memorable*
memorándum	*memorandum*
memorial	*memorial*
mental	*mental*
menú	*menu*
merengue	*meringue*
metal	*metal*
México	*Mexico*
militante	*militant*
mineral	*mineral*
miserable	*miserable*
misión	*mission*
moderado	*moderate*
moral	*moral*
mormón	*Mormon*
mortal	*mortal*
mosquito	*mosquito*
motor	*motor*

mulato	*mulatto*
múltiple	*multiple*
multitud	*multitude*
municipal	*municipal*
mural	*mural*
muscular	*muscular*
musical	*musical*

N

natal	*natal*
natural	*natural*
náusea	*nausea*
naval	*naval*
nazi	*Nazi*
negociable	*negotiable*
negro	*Negro*
neuralgia	*neuralgia*
neurología	*neurology*
neurosis	*neurosis*
neutral	*neutral*
neutrón	*neutron*
Nicaragua	*Nicaragua*
no	*no*
noble	*noble*
nominal	*nominal*
normal	*normal*
nostalgia	*nostalgia*
notable	*notable*
nuclear	*nuclear*
numeral	*numeral*

nylon   *nylon*

O

oasis   *oasis*
oboe   *oboe*
obsesión   *obsession*
ocasión   *occasion*
ocular   *ocular*
oficial   *official*
omisión   *omission*
ómnibus   *omnibus*
ópera   *opera*
operador   *operator*
opereta   *operetta*
opinión   *opinion*
opresión   *oppression*
opresor   *oppressor*
oral   *oral*
orangután   *orangutan*
orégano   *oregano*
oriental   *oriental*
origen   *origin*
original   *original*
ornamental   *ornamental*
oval   *oval*

P

paella   *paella*
Panamá   *Panama*

panda	*panda*
panel	*panel*
panorama	*panorama*
papá	*papa*
par	*par*
parábola	*parabola*
Paraguay	*Paraguay*
parálisis	*paralysis*
paramilitar	*paramilitary*
parasol	*parasol*
paréntesis	*parenthesis*
París	*Paris*
particular	*particular*
pasión	*passion*
pastor	*pastor*
pastoral	*pastoral*
paternal	*paternal*
patio	*patio*
peculiar	*peculiar*
pedal	*pedal*
pedestal	*pedestal*
penal	*penal*
península	*peninsula*
peninsular	*peninsular*
peón	*peon*
perceptible	*perceptible*
percusión	*percussion*
perfume	*perfume*
permisible	*permissible*
pernicioso	*pernicious*
perpendicular	*perpendicular*

personaje	*personage*
personal	*personal*
Perú	*Peru*
perversión	*perversion*
piano	*piano*
picante	*picante*
pijama	*pyjamas*
pimiento	*pimento*
pique	*pique*
pistón	*piston*
plan	*plan*
plexiglás	*plexiglass*
plural	*plural*
póker	*poker*
polar	*polar*
polio	*polio*
polo	*polo*
poncho	*poncho*
pontificado	*pontificate*
popular	*popular*
porcelana	*porcelain*
porcentaje	*percentage*
portal	*portal*
pórtico	*portico*
Portugal	*Portugal*
pose	*pose*
posible	*possible*
postal	*postal*
posterior	*posterior*
postrado	*prostrate*
postulado	*postulate*

potable	*potable*
potencial	*potential*
practicable	*practicable*
precisión	*precision*
precursor	*precursor*
prefabricado	*prefabricated*
preferible	*preferable*
prenatal	*prenatal*
pretencioso	*pretentious*
pretensión	*pretension*
primordial	*primordial*
principal	*principal*
prior	*prior*
probable	*probable*
procesión	*procession*
profesional	*professional*
profesor	*professor*
progenie	*progeny*
progenitor	*progenitor*
proletariado	*proletariate*
promotor	*promoter*
pronto	*pronto*
propaganda	*propaganda*
protector	*protector*
provincial	*provincial*
provisión	*provision*
provisional	*provisional*
Puerto Rico	*Puerto Rico*

R

racial	*racial*

radar	*radar*
radiador	*radiator*
radial	*radial*
radical	*radical*
radio	*radio*
rayón	*rayon*
reactor	*reactor*
real	*real*
rebelión	*rebellion*
recesión	*recession*
recital	*recital*
récord	*record*
rectitud	*rectitude*
reflexión	*reflection*
refrigerador	*refrigerator*
región	*region*
regulador	*regulator*
regular	*regular*
religión	*religion*
remediable	*remediable*
renal	*renal*
reparable	*reparable*
repercusión	*repercussion*
réplica	*replica*
represión	*repression*
reptil	*reptile*
repulsión	*repulsion*
réquiem	*requiem*
resistible	*resistible*
retina	*retina*
retro-	*retro-*

reunión	*reunion*
reversible	*reversible*
reversión	*reversion*
revisión	*revision*
revocable	*revocable*
revólver	*revolver*
rifle	*rifle*
rigor	*rigor*
ritual	*ritual*
rival	*rival*
robot	*robot*
rododendro	*rhododendron*
rufián	*ruffian*
rugby	*rugby*
ruinoso	*ruinous*
Rumania	*Romania*
rumba	*rumba*
rural	*rural*
Rusia	*Russia*

S

sabotaje	*sabotage*
saliva	*saliva*
salmón	*salmon*
sandwich	*sandwich*
sangría	*sangria*
satélite	*satellite*
sauna	*sauna*
saxofón	*saxophone*
sector	*sector*
secular	*secular*

semen	*semen*
semicírculo	*semicircle*
sensual	*sensual*
sentimental	*sentimental*
separable	*separable*
sermón	*sermon*
sesión	*session*
sexual	*sexual*
similar	*similar*
simple	*simple*
simultáneo	*simultaneous*
singular	*singular*
sociable	*sociable*
social	*social*
soda	*soda*
sofá	*sofa*
solar	*solar*
solo	*solo*
soluble	*soluble*
soprano	*soprano*
sport	*sport*
status	*status*
suave	*suave*
sublime	*sublime*
subordinado	*subordinate*
subversión	*subversion*
sugestión	*suggestion*
sultán	*sultan*
súper	*super*
superficial	*superficial*
superfluo	*superfluous*

superior	*superior*
supervisor	*supervisor*
supresión	*suppression*
susceptible	*susceptible*
suspensión	*suspension*

T

tabaco	*tobacco*
talismán	*talisman*
tampon	*tampon*
tangible	*tangible*
tango	*tango*
tarántula	*tarantula*
taxi	*taxi*
telefoto	*telephoto*
televisión	*television*
télex	*telex*
temporal	*temporal*
tendón	*tendon*
tenis	*tennis*
tenor	*tenor*
tensión	*tension*
terminal	*terminal*
termómetro	*thermometer*
terrible	*terrible*
terror	*terror*
testes	*testes*
textil	*textile*
tibia	*tibia*
tobogán	*toboggan*
toga	*toga*

tolerable	*tolerable*
tomate	*tomato*
torniquete	*tourniquet*
torpedo	*torpedo*
torso	*torso*
tortilla	*tortilla*
total	*total*
tractor	*tractor*
tradicional	*traditional*
tráfico	*traffic*
trampolín	*trampoline*
transferible	*transferable*
transgresión	*transgression*
transmisión	*transmission*
trascendental	*transcendental*
trauma	*trauma*
tribunal	*tribunal*
trío	*trio*
triple	*triple*
triplicado	*triplicate*
trivial	*trivial*
trombón	*trombone*
trombosis	*thrombosis*
tropical	*tropical*
tuberculosis	*tuberculosis*
tumor	*tumor*
túnel	*tunnel*
tutor	*tutor*

U

ultra	*ultra*

unilateral	*unilateral*
unión	*union*
universal	*universal*
Uruguay	*Uruguay*
usual	*usual*
utopía	*utopia*

V

vacaciones	*vacations*
vagina	*vagina*
vainilla	*vanilla*
valor	*valor*
vapor	*vapor*
variable	*variable*
venerable	*venerable*
Venezuela	*Venezuela*
venial	*venial*
verbal	*verbal*
versátil	*versatile*
versión	*version*
vértebra	*vertebra*
vertical	*vertical*
veto	*veto*
viceversa	*vice versa*
vicisitud	*vicissitude*
vicuña	*vicuna*
Vietnam	*Vietnam*
vigor	*vigor*
violín	*violin*
virginal	*virginal*

viril	*virile*
virtual	*virtual*
virus	*virus*
visible	*visible*
visión	*vision*
vital	*vital*
vocal	*vocal*
vodka	*vodka*
volátil	*volatile*
vulgar	*vulgar*
vulnerable	*vulnerable*

W

whisky	*whisky*

X

xenofobia	*xenophobia*

Y

Yugoslavia	*Yugoslavia*

Z

zigzag	*zigzag*

Nombres y adjetivos que pierden o cambian la vocal terminal en inglés.

Nouns and adjectives that add or change a terminal vowel in Spanish.

A

abrupto	*abrupt*
absceso	*abscess*
absoluto	*absolute*
abstinencia	*abstinence*
abstinente	*abstinent*
abstracto	*abstract*
absurdo	*absurd*
abundante	*abundant*
abusivo	*abusive*
abuso	*abuse*
acceso	*access*
accidente	*accident*
acento	*accent*
ácido	*acid*
acróbata	*acrobat*
activo	*active*
acto	*act*
acústico	*acoustic*
adjetivo	*adjective*
adolescente	*adolescent*
adulterante	*adulterant*
adulto	*adult*
adverbio	*adverb*
aeroplano	*airplane*
ágata	*agate*

agente	*agent*
agnóstico	*agnostic*
agresivo	*aggressive*
agresor	*aggressor*
agricultura	*agriculture*
aire	*air*
alarma	*alarm*
alarmista	*alarmist*
alerta	*alert*
alfabeto	*alphabet*
amazona	*amazon*
ambulancia	*ambulance*
analista	*analyst*
anarquista	*anarchist*
anécdota	*anecdote*
antagonista	*antagonist*
antecedente	*antecedent*
antibiótico	*antibiotic*
antídoto	*antidote*
aparte	*apart*
apetito	*appetite*
aplauso	*applause*
apóstol	*apostle*
apto	*apt*
archivo	*archive*
argumento	*argument*
archivista	*archivist*
árido	*arid*
aristócrata	*aristocrat*
aritmética	*arithmetic*
arma	*arm*

armamento	*armament*
aromático	*aromatic*
arquitecto	*architect*
arrogancia	*arrogance*
arrogante	*arrogant*
artista	*artist*
asfalto	*asphalt*
aspirina	*aspirin*
astringente	*astringent*
astronauta	*astronaut*
astuto	*astute*
atlántico	*Atlantic*
atmósfera	*atmosphere*
atómico	*atomic*
átomo	*atom*
atractivo	*attractive*
atributo	*attribute*
audiencia	*audience*
autócrata	*autocrat*
autocrático	*autocratic*
autógrafo	*autograph*
automático	*automatic*
avalancha	*avalanche*
avaricia	*avarice*
axioma	*axiom*

B

banquete	*banquet*
barbarismo	*barbarism*
barbero	*barber*

barómetro	*barometer*
baronesa	*baroness*
barricada	*barricade*
bastardo	*bastard*
bayoneta	*bayonet*
belicoso	*bellicose*
beligerante	*belligerent*
benevolencia	*benevolence*
Biblia	*Bible*
biciclista	*bicyclist*
biplano	*biplane*
bomba	*bomb*
brillante	*brilliant*
bulbo	*bulb*
burlesco	*burlesque*
burócrata	*bureaucrat*
busto	*bust*

C

cablegrama	*cablegram*
cadete	*cadet*
calendario	*calendar*
calma	*calm*
caloría	*calorie*
camello	*camel*
candidato	*candidate*
canino	*canine*
capitalista	*capitalist*
Capricornio	*Capricorn*
captura	*capture*

característico	*characteristic*
caravana	*caravan*
carbono	*carbon*
carbonato	*carbonate*
cardíaco	*cardiac*
caricatura	*caricature*
catálogo	*catalog*
catolicismo	*Catholicism*
católico	*Catholic*
causa	*cause*
cáustico	*caustic*
caverna	*cavern*
cemento	*cement*
censura	*censure*
centígrado	*centigrade*
centímetro	*centimeter*
ceremonioso	*ceremonious*
circunspecto	*circumspect*
circunstancia	*circumstance*
cisterna	*cistern*
cívico	*civic*
clandestino	*clandestine*
clásico	*classic*
cliente	*client*
clínica	*clinic*
cloroformo	*chloroform*
cocaína	*cocaine*
coexistente	*coexistent*
coherente	*coherent*
coincidencia	*coincidence*
colapso	*collapse*

colegio	*college*
columna	*column*
comandante	*commandant*
comando	*command*
combate	*combat*
comercio	*commerce*
cometa	*comet*
cómico	*comic*
compacto	*compact*
comparativo	*comparative*
compatriota	*compatriot*
competente	*competent*
complacencia	*complacence*
complemento	*complement*
completo	*complete*
componente	*component*
comunista	*communist*
concepto	*concept*
conciso	*concise*
concreto	*concrete*
concubina	*concubine*
condimento	*condiment*
conducta	*conduct*
conductivo	*conductive*
conferencia	*conference*
confidente	*confident*
conflicto	*conflict*
conformista	*conformist*
congreso	*congress*
consecuencia	*consequence*
consecutivo	*consecutive*

consistente	*consistent*
consonante	*consonant*
constante	*constant*
constructivo	*constructive*
contacto	*contact*
contento	*content*
continente	*continent*
contrabando	*contraband*
contraceptivo	*contraceptive*
contraste	*contrast*
convalecencia	*convalescence*
convaleciente	*convalescent*
conveniente	*convenient*
convento	*convent*
convicto	*convict*
cooperativo	*cooperative*
corpulento	*corpulent*
correcto	*correct*
correspondencia	*correspondence*
cosmético	*cosmetic*
crédito	*credit*
cresta	*crest*
crítico	*critic*
cúbico	*cubic*
cultura	*culture*

D

débito	*debit*
década	*decade*
decente	*decent*

defecto	*defect*
defensa	*defense*
defensivo	*defensive*
deficiente	*deficient*
demagogo	*demagogue*
demanda	*demand*
demócrata	*democrat*
democrático	*democratic*
demonio	*demon*
dentista	*dentist*
departmento	*department*
depósito	*deposit*
déspota	*despot*
despotismo	*despotism*
detergente	*detergent*
detrimento	*detriment*
diabólico	*diabolic*
diafragma	*diaphragm*
dialecto	*dialect*
diálogo	*dialog*
dieta	*diet*
diferencia	*difference*
diferente	*different*
diligencia	*diligence*
diminutivo	*diminutive*
dinámico	*dynamic*
dinamita	*dynamite*
diplomático	*diplomatic*
directo	*direct*
disciplina	*discipline*
discordia	*discord*

discreto	*discrete*
disgusto	*disgust*
disidente	*dissident*
disoluto	*dissolute*
disputa	*dispute*
distancia	*distance*
distante	*distant*
diván	*divan*
divergencia	*divergence*
diverso	*diverse*
divino	*divine*
divorcio	*divorce*
doctrina	*doctrine*
documento	*document*
domicilio	*domicile*
dominante	*dominant*
dramático	*dramatic*

E

eclesiástico	*ecclesiastic*
económico	*economic*
economista	*economist*
edicto	*edict*
edificio	*edifice*
efectivo	*effective*
efecto	*effect*
egoísmo	*egoism*
egoísta	*egotist*
elástico	*elastic*
electivo	*elective*

electo	*elect*
eléctrico	*electric*
electrónico	*electronic*
elefante	*elephant*
elegancia	*elegance*
elegante	*elegant*
elemento	*element*
emblema	*emblem*
emigrante	*emigrant*
eminencia	*eminence*
eminente	*eminent*
épico	*epic*
epidémico	*epidemic*
epílogo	*epilogue*
episodio	*episode*
epitafio	*epitaph*
época	*epoch*
equivalente	*equivalent*
erótico	*erotic*
errante	*errant*
erudito	*erudite*
esencia	*essence*
estima	*esteem*
etiqueta	*etiquette*
eufemismo	*euphemism*
Eucaristía	*Eucharist*
Europa	*Europe*
evasivo	*evasive*
evidencia	*evidence*
evidente	*evident*
exacto	*exact*

excepto	*except*
excesivo	*excessive*
exceso	*excess*
exclusivo	*exclusive*
excusa	*excuse*
exilio	*exile*
existencia	*existence*
exótico	*exotic*
expansivo	*expansive*
expediente	*expedient*
experiencia	*experience*
experimento	*experiment*
experto	*expert*
explícito	*explicit*
explosivo	*explosive*
expresivo	*expressive*
exquisito	*exquisite*
extensivo	*extensive*
extracto	*extract*
extravagancia	*extravagance*
extravagante	*extravagant*
extremo	*extreme*
exuberancia	*exuberance*
exuberante	*exuberant*

F

falso	*false*
famoso	*famous*
fanático	*fanatic*
fantástico	*fantastic*
fascismo	*fascism*

fascista	*fascist*
fatalista	*fatalist*
fatiga	*fatigue*
favorito	*favorite*
fecundo	*fecund*
femenino	*feminine*
feminista	*feminist*
festivo	*festive*
figura	*figure*
filete	*filet*
final	*final*
firme	*firm*
flagrante	*flagrant*
flema	*phlegm*
flúido	*fluid*
forma	*form*
fortuna	*fortune*
foto	*photo*
fractura	*fracture*
fragmento	*fragment*
Francia	*France*
franco	*frank*
fraude	*fraud*
frecuente	*frequent*
frontera	*frontier*
fruta	*fruit*
furtivo	*furtive*
futuro	*future*

G

gabardina	*gabardine*

galante	*gallant*
gangrena	*gangrene*
gaseoso	*gaseous*
gasolina	*gasoline*
gelatina	*gelatin*
gema	*gem*
genérico	*generic*
generoso	*generous*
genuino	*genuine*
globo	*globe*
glorioso	*glorious*
gracia	*grace*
grande	*grand*
granito	*granite*
grupo	*group*
guardia	*guard*
guillotina	*guillotine*
guitarra	*guitar*

H

helicóptero	*helicopter*
hemorragia	*hemorrhage*
herbicida	*herbicide*
heroína	*heroin*
heroísmo	*heroism*
hidráulico	*hydraulic*
hipnotismo	*hypnotism*
hispánico	*Hispanic*
Holanda	*Holland*
hormona	*hormone*

horóscopo   *horoscope*
humano   *human*

I

iconoclasta   *iconoclast*
idealista   *idealist*
idioma   *idiom*
idiota   *idiot*
ídolo   *idol*
ignorancia   *ignorance*
ignorante   *ignorant*
ilícito   *illicit*
ilusionista   *illusionist*
impacto   *impact*
impedimento   *impediment*
imperativo   *imperative*
imperfecto   *imperfect*
impetuoso   *impetuous*
implícito   *implicit*
importancia   *importance*
importante   *important*
impotencia   *impotence*
impotente   *impotent*
improductivo   *unproductive*
imprudencia   *imprudence*
imprudente   *imprudent*
impulso   *impulse*
incandescente   *incandescent*
incentivo   *incentive*
incesante   *incessant*

incesto	*incest*
incidente	*incident*
incipiente	*incipient*
incisivo	*incisive*
incoherente	*incoherent*
incompetencia	*incompetence*
incompetente	*incompetent*
incompleto	*incomplete*
incontinencia	*incontinence*
incremento	*increment*
indecente	*indecent*
independencia	*independence*
independiente	*independent*
indiferencia	*indifference*
indiferente	*indifferent*
indigencia	*indigence*
indirecto	*indirect*
indiscreto	*indiscreet*
indolencia	*indolence*
indulgencia	*indulgence*
indulgente	*indulgent*
industrioso	*industrious*
inerte	*inert*
infante	*infant*
infinitivo	*infinitive*
infinito	*infinite*
influencia	*influence*
informante	*informant*
infrecuente	*infrequent*
ingrediente	*ingredient*
inherente	*inherent*

inhumano	*inhuman*
injusticia	*injustice*
injusto	*unjust*
inmediato	*immediate*
inmenso	*immense*
inmigrante	*immigrant*
inminente	*imminent*
innato	*innate*
inocencia	*innocence*
inocente	*innocent*
inofensivo	*inoffensive*
inoportuno	*inopportune*
insecto	*insect*
insignificante	*insignificant*
insípido	*insipid*
insistencia	*insistence*
insolencia	*insolence*
insolente	*insolent*
instante	*instant*
instructivo	*instructive*
instrumento	*instrument*
insuficiente	*insufficient*
insulto	*insult*
insurgente	*insurgent*
intacto	*intact*
inteligencia	*intelligence*
inteligente	*intelligent*
intemperancia	*intemperance*
intenso	*intense*
intento	*intent*
intermitente	*intermittent*

intestino	*intestine*
intolerante	*intolerant*
inválido	*invalid*
inverso	*inverse*
irresoluto	*irresolute*

J

jesuita	*Jesuit*
judaísmo	*Judaism*
jurisprudencia	*jurisprudence*
jurista	*jurist*
justicia	*justice*

K

kilogramo	*kilogram*
kilómetro	*kilometer*

L

lacónico	*laconic*
lamento	*lament*
latente	*latent*
leopardo	*leopard*
lesbiana	*lesbian*
libertino	*libertine*
licencia	*license*
licencioso	*licentious*
ligamento	*ligament*
límite	*limit*

línea	*line*
lingüista	*linguist*
linimento	*liniment*
líquido	*liquid*
lista	*list*
literatura	*literature*
lógica	*logic*
logístico	*logistic*
lubricante	*lubricant*

M

magnético	*magnetic*
malcontento	*malcontent*
malevolencia	*malevolence*
malicia	*malice*
mandato	*mandate*
mandolina	*mandolin*
manifiesto	*manifest*
manufactura	*manufacture*
mapa	*map*
marcha	*march*
margarina	*margarine*
marinero	*mariner*
masculino	*masculine*
masivo	*massive*
matrona	*matron*
mayo	*May*
mecanismo	*mechanism*
medalla	*medal*
medicina	*medicine*

menopausia	*menopause*
mérito	*merit*
metáfora	*metaphor*
meteoro	*meteor*
meticuloso	*meticulous*
métrico	*metric*
micrófono	*microphone*
microscopio	*microscope*
miniatura	*miniature*
minuto	*minute*
modelo	*model*
moderno	*modern*
momento	*moment*
monoplano	*monoplane*
monotonía	*monotone*
monumento	*monument*
moralista	*moralist*
motorista	*motorist*
mucho	*much*
mula	*mule*
música	*music*

N

nacionalista	*nationalist*
narcótico	*narcotic*
narrativa	*narrative*
nativo	*native*
naturalista	*naturalist*
nebuloso	*nebulous*
nectarina	*nectarine*

negativo	*negative*
negligencia	*negligence*
negligente	*negligent*
nepotismo	*nepotism*
nervio	*nerve*
nicotina	*nicotine*
nicho	*niche*
nihilismo	*nihilism*
nitrógeno	*nitrogen*
nitroglicerina	*nitroglycerine*
nomenclatura	*nomenclature*
nórdico	*Nordic*
nota	*note*
noticia	*notice*
novela	*novel*
novelista	*novelist*
novicio	*novice*

O

obediencia	*obedience*
obediente	*obedient*
obscuro	*obscure*
observancia	*observance*
obtuso	*obtuse*
océano	*ocean*
oculista	*oculist*
ocurrencia	*occurrence*
ofensivo	*offensive*
oliva	*olive*
ominoso	*ominous*

omnipotente	*omnipotent*
oneroso	*onerous*
ópalo	*opal*
oponente	*opponent*
oportunismo	*opportunism*
oportuno	*opportune*
opresivo	*oppressive*
óptico	*optic*
optimismo	*optimism*
optimista	*optimist*
opulencia	*opulence*
opulento	*opulent*
órbita	*orbit*
orgánico	*organic*
organismo	*organism*
organista	*organist*
órgano	*organ*
orgasmo	*orgasm*
oriental	*oriental*
oriente	*orient*
ornamento	*ornament*
ortodoxo	*orthodox*
ostracismo	*ostracism*
óxido	*oxide*
oxígeno	*oxygen*

P

pacífico	*pacific*
pacifismo	*pacifism*
pacifista	*pacifist*

pacto	*pact*
paganismo	*paganism*
pagano	*pagan*
palacio	*palace*
Palestina	*Palestine*
palma	*palm*
pánico	*panic*
pantomima	*pantomime*
paralelo	*parallel*
paralítico	*paralytic*
parapléjico	*paraplegic*
parásito	*parasite*
parte	*part*
participante	*participant*
pasivo	*passive*
patriota	*patriot*
patriotismo	*patriotism*
pausa	*pause*
pedante	*pedant*
pelícano	*pelican*
penicilina	*penicillin*
penitencia	*penitence*
penitente	*penitent*
perfecto	*perfect*
perímetro	*perimeter*
periódico	*periodic*
período	*period*
permanencia	*permanence*
permanente	*permanent*
perseverante	*perseverant*
persistente	*persistent*

persona	*person*
perspectiva	*perspective*
pertinente	*pertinent*
perverso	*perverse*
pesimista	*pessimist*
pesticida	*pesticide*
pestilencia	*pestilence*
pétalo	*petal*
pianista	*pianist*
pirámide	*pyramid*
pirata	*pirate*
pistola	*pistol*
plácido	*placid*
planeta	*planet*
planta	*plant*
plástico	*plastic*
poema	*poem*
poeta	*poet*
policía	*police*
pomada	*pomade*
pompa	*pomp*
portento	*portent*
portero	*porter*
positivo	*positive*
poste	*post*
postura	*posture*
potente	*potent*
pragmático	*pragmatic*
precedencia	*precedence*
precedente	*precedent*
precepto	*precept*

precipicio	*precipice*
preciso	*precise*
predominante	*predominant*
prefacio	*preface*
preferencia	*preference*
prehistórico	*prehistoric*
preludio	*prelude*
prematuro	*premature*
prerrogativa	*prerogative*
presencia	*presence*
presente	*present*
presentimiento	*presentiment*
presidente	*president*
prestigio	*prestige*
pretexto	*pretext*
primitivo	*primitive*
princesa	*princess*
privilegio	*privilege*
problema	*problem*
proceso	*process*
producto	*product*
profeta	*prophet*
programa	*program*
progresivo	*progressive*
progreso	*progress*
prolífico	*prolific*
prólogo	*prologue*
prominente	*prominent*
prosa	*prose*
prostituta	*prostitute*
protagonista	*protagonist*

proteína	*protein*
protesta	*protest*
protestante	*Protestant*
protocolo	*protocol*
proverbio	*proverb*
providencia	*providence*
provincia	*province*
prudencia	*prudence*
prudente	*prudent*
público	*public*
pulpa	*pulp*
púlpito	*pulpit*
pulso	*pulse*
pupila	*pupil*
purga	*purge*
puritano	*puritan*
pútrido	*putrid*

Q

quieto	*quiet*
quinina	*quinine*

R

racismo	*racism*
racista	*racist*
radiante	*radiant*
rancho	*ranch*
rápido	*rapid*
raqueta	*racquet*

rata	*rat*
rayo	*ray*
realista	*realist*
recalcitrante	*recalcitrant*
recepcionista	*receptionist*
receptivo	*receptive*
recompensa	*recompense*
referencia	*reference*
reflexivo	*reflexive*
reforma	*reform*
regente	*regent*
relativo	*relative*
reminiscencia	*reminiscence*
remiso	*remiss*
remoto	*remote*
renegado	*renegade*
renta	*rent*
repelente	*repellent*
repleto	*replete*
reposo	*repose*
representativo	*representative*
república	*republic*
republicano	*republican*
repugnancia	*repugnance*
repugnante	*repugnant*
repulsivo	*repulsive*
requisito	*requisite*
reserva	*reserve*
residencia	*residence*
residente	*resident*
residuo	*residue*

resonancia	*resonance*
resonante	*resonant*
respectivo	*respective*
restaurante	*restaurant*
resto	*rest*
restrictivo	*restrictive*
resulta	*result*
resultante	*resultant*
retroactivo	*retroactive*
retrógrado	*retrograde*
retrospectivo	*retrospective*
reverencia	*reverence*
reverente	*reverent*
reverso	*reverse*
robusto	*robust*
rollo	*roll*
romántico	*romantic*
rosa	*rose*
rudimento	*rudiment*
ruina	*ruin*
ruinoso	*ruinous*
ruptura	*rupture*

S

sacramento	*sacrament*
sacrificio	*sacrifice*
sacrilegio	*sacrilege*
sacrílego	*sacrilegious*
sandalia	*sandal*
sarcasmo	*sarcasm*

sarcástico	*sarcastic*
sardina	*sardine*
sardónico	*sardonic*
sátira	*satire*
secreto	*secret*
secta	*sect*
sedimento	*sediment*
selecto	*select*
sentimiento	*sentiment*
separatismo	*separatism*
séptico	*septic*
sereno	*serene*
severo	*severe*
sexo	*sex*
sincero	*sincere*
simbólico	*symbolic*
símbolo	*symbol*
sinagoga	*synagogue*
sincero	*sincere*
sirena	*siren*
sistema	*system*
sistemático	*systematic*
socialdemócrata	*social democrat*
socialista	*socialist*
solemne	*solemn*
sólido	*solid*
sónico	*sonic*
sórdido	*sordid*
subconsciencia	*subconscious*
submarino	*submarine*
subsistencia	*subsistence*

suburbano	*suburban*
subversivo	*subversive*
sucesivo	*successive*
suculento	*succulent*
suficiente	*sufficient*
sumo	*sum*
superestructura	*superstructure*
superfluo	*superfluous*
superintendente	*superintendent*
supersónico	*supersonic*
supersticioso	*superstitious*
suplemento	*supplement*
supremo	*supreme*

T

tácito	*tacit*
taciturno	*taciturn*
talco	*talc*
talento	*talent*
tangente	*tangent*
teléfono	*telephone*
telefoto	*telephoto*
telégrafo	*telegraph*
telegrama	*telegram*
telescópico	*telescopic*
telescopio	*telescope*
temperamento	*temperament*
temperatura	*temperature*
tempestuoso	*tempestuous*
teología	*theology*

teorema	*theorem*
terapéutico	*therapeutic*
termodinámico	*thermodynamic*
termostato	*thermostat*
terrorista	*terrorist*
texto	*text*
textura	*texture*
tímido	*timid*
tolerancia	*tolerance*
tolerante	*tolerant*
tónico	*tonic*
tormento	*torment*
torrente	*torrent*
tórrido	*torrid*
tortura	*torture*
tóxico	*toxic*
tráfico	*traffic*
tranquilo	*tranquil*
transferencia	*transference*
tránsito	*transit*
transcendencia	*transcendence*
transparente	*transparent*
trompeta	*trumpet*
trópico	*tropic*
trote	*trot*
tubo	*tube*
tumulto	*tumult*
turbulencia	*turbulence*
turbulento	*turbulent*
turismo	*tourism*
turista	*tourist*

turno	*turn*

U

úlcera	*ulcer*
uniforme	*uniform*
universo	*universe*
urbano	*urban*
urgente	*urgent*
urna	*urn*
utensilio	*utensil*

V

vacante	*vacant*
vagabundo	*vagabond*
válido	*valid*
valiente	*valiant*
vampiro	*vampire*
vándalo	*vandal*
vandalismo	*vandalism*
vanguardia	*vanguard*
vaselina	*vaseline*
Vaticano	*Vatican*
vehemencia	*vehemence*
verbo	*verb*
verso	*verse*
vestigio	*vestige*
veterano	*veteran*
viaducto	*viaduct*
vicepresidente	*vice president*

vicio	*vice*
víctima	*victim*
vigilancia	*vigilance*
violencia	*violence*
violeta	*violet*
violinista	*violinist*
virtuoso	*virtuous*
virulento	*virulent*
visita	*visit*
vitamina	*vitamin*
vitrina	*vitrine*
volcánico	*volcanic*
voluptuoso	*voluptuous*

Z

zona	*zone*

| Verbos que pierden *ar*,*er* o *ir* para formar verbos idénticos o casi idénticos en inglés. | *Verbs that add* **ar**, **er** *or* **ir** *to form identical or nearly identical verbs in Spanish.* |

A

abandonar	*to abandon*
abortar	*to abort*
absolver	*to absolve*
absorber	*to absorb*
abusar	*to abuse*
acceder	*to accede*
aceptar	*to accept*
aclamar	*to acclaim*
acreditar	*to accredit*
adaptar	*to adapt*
admirar	*to admire*
admitir	*to admit*
adoptar	*to adopt*
adorar	*to adore*
adornar	*to adorn*
afectar	*to affect*
afirmar	*to affirm*
adherir	*to adhere*
alarmar	*to alarm*
alterar	*to alter*
aludir	*to allude*
analizar	*to analyze*
anexar	*to annex*
anular	*to annul*

anunciar	*to announce*
aplaudir	*to applaud*
aprehender	*to apprehend*
argüir	*to argue*
armar	*to arm*
arrestar	*to arrest*
asaltar	*to assault*
ascender	*to ascend*
aspirar	*to aspire*
asentir	*to assent*
asignar	*to assign*
asumir	*to assume*
atender	*to attend*
autorizar	*to authorize*

B

balancear	*to balance*

C

calmar	*to calm*
cancelar	*to cancel*
capitalizar	*to capitalize*
capturar	*to capture*
caracterizar	*to characterize*
causar	*to cause*
cementar	*to cement*
censurar	*to censure*
centralizar	*to centralize*
circunscribir	*to circumscribe*

civilizar	*to civilize*
coexistir	*to coexist*
cohabitar	*to cohabit*
coincidir	*to coincide*
colectar	*to collect*
colonizar	*to colonize*
colorar	*to color*
comandar	*to command*
combatir	*to combat*
combinar	*to combine*
comentar	*to comment*
comisionar	*to commission*
comparar	*to compare*
compeler	*to compel*
competir	*to compete*
compilar	*to compile*
completar	*to complete*
computar	*to compute*
conceder	*to concede*
concernir	*to concern*
condensar	*to condense*
conectar	*to connect*
confesar	*to confess*
confinar	*to confine*
confirmar	*to confirm*
conformar	*to conform*
confrontar	*to confront*
consentir	*to consent*
conservar	*to conserve*
considerar	*to consider*
consignar	*to consign*

consistir	*to consist*
consolar	*to console*
conspirar	*to conspire*
consultar	*to consult*
consumir	*to consume*
contender	*to contend*
continuar	*to continue*
contrastar	*to contrast*
controlar	*to control*
converger	*to converge*
conversar	*to converse*
convertir	*to convert*
corresponder	*to correspond*

D

debutar	*to debut*
decidir	*to decide*
declarar	*to declare*
declinar	*to decline*
deducir	*to deduce*
defender	*to defend*
definir	*to define*
deformar	*to deform*
defraudar	*to defraud*
degradar	*to degrade*
demandar	*to demand*
denotar	*to denote*
depender	*to depend*
deplorar	*to deplore*
deportar	*to deport*

depositar	*to deposit*
derivar	*to derive*
desarmar	*to disarm*
descender	*to descend*
desconectar	*to disconnect*
describir	*to describe*
desertar	*to desert*
desfigurar	*to disfigure*
desinfectar	*to disinfect*
desistir	*to desist*
desorganizar	*to disorganize*
desorientar	*to disorient*
despachar	*to dispatch*
destilar	*to distill*
determinar	*to determine*
detestar	*to detest*
dilatar	*to dilate*
disolver	*to dissolve*
dispensar	*to dispense*
dispersar	*to disperse*
disputar	*to dispute*
disuadir	*to dissuade*
divertir	*to divert*
dividir	*to divide*
divulgar	*to divulge*

E

economizar	*to economize*
eclipsar	*to eclipse*
editar	*to edit*

eludir	*to elude*
embarcar	*to embark*
emerger	*to emerge*
emitir	*to emit*
enamorar	*to enamor*
equipar	*to equip*
escapar	*to escape*
evadir	*to evade*
exaltar	*to exalt*
examinar	*to examine*
exceder	*to exceed*
excitar	*to excite*
excusar	*to excuse*
exhalar	*to exhale*
exhortar	*to exhort*
existir	*to exist*
exorcizar	*to exorcize*
expandir	*to expand*
expeler	*to expel*
experimentar	*to experiment*
expirar	*to expire*
explorar	*to explore*
exportar	*to export*
expresar	*to express*
extender	*to extend*

F

fermentar	*to ferment*
figurar	*to figure*
filmar	*to film*

fomentar	*to foment*
formar	*to form*
fracturar	*to fracture*
frecuentar	*to frequent*
funcionar	*to function*

G

galopar	*to gallop*
galvanizar	*to galvanize*
guardar	*to guard*

H

honrar	*to honor*
humanizar	*to humanize*

I

ignorar	*to ignore*
imaginar	*to imagine*
impartir	*to impart*
impedir	*to impede*
impeler	*to impel*
implorar	*to implore*
importar	*to import*
improvisar	*to improvise*
incitar	*to incite*
inclinar	*to incline*
incrustar	*to encrust*

incurrir	*to incur*
inducir	*to induce*
infectar	*to infect*
inferir	*to infer*
inflamar	*to inflame*
informar	*to inform*
infringir	*to infringe*
inquirir	*to inquire*
inscribir	*to inscribe*
insertar	*to insert*
insistir	*to insist*
inspirar	*to inspire*
instalar	*to install*
insultar	*to insult*
interceder	*to intercede*
interferir	*to interfere*
internar	*to intern*
interpretar	*to interpret*
intervenir	*to intervene*
introducir	*to introduce*
invadir	*to invade*
inventar	*to invent*
invitar	*to invite*

L

laborar	*to labor*
lamentar	*to lament*
limitar	*to limit*
linchar	*to lynch*

M

magnetizar	*to magnetize*
manifestar	*to manifest*
marchar	*to march*
modelar	*to model*
modernizar	*to modernize*
molestar	*to molest*
moralizar	*to moralize*
mover	*to move*
murmurar	*to murmur*

N

nacionalizar	*to nationalize*
notar	*to note*

O

observar	*to observe*
ocurrir	*to occur*
ofender	*to offend*
omitir	*to omit*
organizar	*to organize*

P

paralizar	*to paralyze*
partir	*to part*
pasar	*to pass*
perfumar	*to perfume*

perjurar	*to perjure*
permitir	*to permit*
persistir	*to persist*
persuadir	*to persuade*
perturbar	*to perturb*
pervertir	*to pervert*
plantar	*to plant*
ponderar	*to ponder*
posar	*to pose*
practicar	*to practice*
predeterminar	*to predetermine*
preferir	*to prefer*
preparar	*to prepare*
prescribir	*to prescribe*
presentar	*to present*
preservar	*to preserve*
presidir	*to preside*
presumir	*to presume*
proceder	*to proceed*
proclamar	*to proclaim*
procurar	*to procure*
producir	*to produce*
profanar	*to profane*
profesar	*to profess*
programar	*to program*
progresar	*to progress*
prolongar	*to prolong*
proscribir	*to proscribe*
prosperar	*to prosper*
protestar	*to protest*
pulverizar	*to pulverize*

R

reafirmar	*to reaffirm*
realizar	*to realize*
reclinar	*to recline*
recomendar	*to recommend*
recompensar	*to recompense*
reducir	*to reduce*
referir	*to refer*
refinar	*to refine*
reformar	*to reform*
refutar	*to refute*
regularizar	*to regularize*
relatar	*to relate*
remitir	*to remit*
remover	*to remove*
reorganizar	*to reorganize*
representar	*to represent*
reproducir	*to reproduce*
rescindir	*to rescind*
reservar	*to reserve*
residir	*to reside*
resignar	*to resign*
resistir	*to resist*
resolver	*to resolve*
responder	*to respond*
resumir	*to resume*
retardar	*to retard*
retirar	*to retire*
retractar	*to retract*
retransmitir	*to retransmit*

revertir	*to revert*
revisar	*to revise*
revivir	*to revive*
robar	*to rob*

S

sacrificar	*to sacrifice*
seducir	*to seduce*
servir	*to serve*
simpatizar	*to sympathize*
sincronizar	*to synchronize*
socializar	*to socialize*
solicitar	*to solicit*
subdividir	*to subdivide*
subsistir	*to subsist*
sucumbir	*to succumb*
suspender	*to suspend*

T

telefonear	*to telephone*
tranquilizar	*to tranquilize*
transfigurar	*to transfigure*
transformar	*to transform*
transmitir	*to transmit*
transpirar	*to transpire*
transportar	*to transport*
trotar	*to trot*

U

usar	*to use*

usurpar	*to usurp*
utilizar	*to utilize*

V

visitar	*to visit*
vomitar	*to vomit*
votar	*to vote*

Verbos que terminan en *ar* en español y en *ate* en inglés.

Verbs that end in **ate** *in English and in* **ar** *in Spanish.*

A

abdicar	*to abdicate*
abreviar	*to abbreviate*
abrogar	*to abrogate*
acelerar	*to accelerate*
acentuar	*to accentuate*
acomodar	*to accommodate*
activar	*to activate*
acumular	*to accumulate*
adulterar	*to adulterate*
agitar	*to agitate*
agravar	*to aggravate*
agregar	*to aggregate*
alternar	*to alternate*
amputar	*to amputate*
animar	*to animate*
anotar	*to annotate*
anticipar	*to anticipate*
apreciar	*to appreciate*
arbitrar	*to arbitrate*
articular	*to articulate*
asfixiar	*to asphyxiate*

C

calcular	*to calculate*

castigar	*to castigate*
castrar	*to castrate*
celebrar	*to celebrate*
circular	*to circulate*
colaborar	*to collaborate*
compensar	*to compensate*
complicar	*to complicate*
comunicar	*to communicate*
concentrar	*to concentrate*
confiscar	*to confiscate*
congratular	*to congratulate*
congregar	*to congregate*
conjugar	*to conjugate*
conmemorar	*to commemorate*
consolidar	*to consolidate*
consumer	*to consummate*
contaminar	*to contaminate*
contemplar	*to contemplate*
cooperar	*to cooperate*
coordinar	*to coordinate*
corroborar	*to corroborate*
crear	*to create*
cultivar	*to cultivate*

D

debilitar	*to debilitate*
decapitar	*to decapitate*
decorar	*to decorate*
dedicar	*to dedicate*
degenerar	*to degenerate*

delegar	*to delegate*
deliberar	*to deliberate*
depreciar	*to depreciate*
designar	*to designate*
deteriorar	*to deteriorate*
detonar	*to detonate*
devastar	*to devastate*
dictar	*to dictate*
diferenciar	*to differentiate*
diseminar	*to disseminate*
disipar	*to dissipate*
dislocar	*to dislocate*
dominar	*to dominate*
donar	*to donate*
duplicar	*to duplicate*

E

educar	*to educate*
elaborar	*to elaborate*
elevar	*to elevate*
eliminar	*to eliminate*
emanar	*to emanate*
emancipar	*to emancipate*
emigrar	*to emigrate*
enumerar	*to enumerate*
enunciar	*to enunciate*
erradicar	*to eradicate*
estimar	*to estimate*
evacuar	*to evacuate*
exagerar	*to exaggerate*

exasperar	*to exasperate*
excavar	*to excavate*
excoriar	*to excoriate*
exonerar	*to exonerate*
expropiar	*to expropriate*
expurgar	*to expurgate*
exterminar	*to exterminate*

F

fabricar	*to fabricate*
facilitar	*to facilitate*
fascinar	*to fascinate*
formular	*to formulate*
fluctuar	*to fluctuate*
frustrar	*to frustrate*

G

generar	*to generate*
germinar	*to germinate*
graduar	*to graduate*
granular	*to granulate*
gravitar	*to gravitate*

I

iluminar	*to illuminate*
ilustrar	*to illustrate*
implicar	*to implicate*
impregnar	*to impregnate*
inaugurar	*to inaugurate*
incapacitar	*to incapacitate*
incinerar	*to incinerate*

incorporar	*to incorporate*
incubar	*to incubate*
inculcar	*to inculcate*
indicar	*to indicate*
inflar	*to inflate*
inmolar	*to immolate*
inocular	*to inoculate*
insinuar	*to insinuate*
instigar	*to instigate*
integrar	*to integrate*
interrogar	*to interrogate*
intimar	*to intimate*
inundar	*to inundate*
invalidar	*to invalidate*
investigar	*to investigate*
irrigar	*to irrigate*
irritar	*to irritate*

L

lacerar	*to lacerate*
laminar	*to laminate*
legislar	*to legislate*
liberar	*to liberate*
liquidar	*to liquidate*
litigar	*to litigate*
lubricar	*to lubricate*

M

mandar	*to mandate*

manipular	*to manipulate*
mediar	*to mediate*
meditar	*to meditate*
menstruar	*to menstruate*
mitigar	*to mitigate*
moderar	*to moderate*
modular	*to modulate*
motivar	*to motivate*
mutilar	*to mutilate*

N

narrar	*to narrate*
navegar	*to navigate*
necesitar	*to necessitate*
negociar	*to negotiate*
nominar	*to nominate*

O

obligar	*to obligate*
oficiar	*to officiate*
operar	*to operate*
orar	*to orate*
orientar	*to orientate*
originar	*to originate*
oscilar	*to oscillate*

P

palpitar	*to palpitate*

participar	*to participate*
penetrar	*to penetrate*
perforar	*to perforate*
perpetrar	*to perpetrate*
perpetuar	*to perpetuate*
precipitar	*to precipitate*
predominar	*to predominate*
premeditar	*to premeditate*
procrear	*to procreate*
proliferar	*to proliferate*
promulgar	*to promulgate*
propagar	*to propagate*
pulsar	*to pulsate*

R

radiar	*to radiate*
reanimar	*to reanimate*
recapitular	*to recapitulate*
reciprocar	*to reciprocate*
recrear	*to recreate*
recriminar	*to recriminate*
recuperar	*to recuperate*
refrigerar	*to refrigerate*
regenerar	*to regenerate*
rehabilitar	*to rehabilitate*
relegar	*to relegate*
remunerar	*to remunerate*
renovar	*to renovate*
reorientar	*to reorientate*
repatriar	*to repatriate*

repudiar	*to repudiate*
resonar	*to resonate*
resucitar	*to resuscitate*
reverberar	*to reverberate*

S

saturar	*to saturate*
segregar	*to segregate*
separar	*to separate*
simular	*to simulate*
situar	*to situate*
suplicar	*to supplicate*

T

tabular	*to tabulate*
terminar	*to terminate*
tolerar	*to tolerate*
transmigrar	*to transmigrate*

U

ulcerar	*to ulcerate*

V

vacilar	*to vacillate*
validar	*to validate*
vegetar	*to vegetate*
venerar	*to venerate*
ventilar	*to ventilate*
vibrar	*to vibrate*
vindicar	*to vindicate*
violar	*to violate*

Palabras que terminan en *tad* o *dad* en español y en *ty* en inglés.

*Words that end in **ty** in English and in **tad** or **dad** in Spanish.*

A

absurdidad	*absurdity*
aceptabilidad	*acceptability*
actividad	*activity*
actualidad	*actuality*
adaptabilidad	*adaptability*
adversidad	*adversity*
afabilidad	*affability*
afinidad	*affinity*
agilidad	*agility*
ambigüedad	*ambiguity*
amenidad	*amenity*
animosidad	*animosity*
atrocidad	*atrocity*
austeridad	*austerity*
autenticidad	*authenticity*
autoridad	*authority*

B

barbaridad	*barbarity*
brevedad	*brevity*
brutalidad	*brutality*

C

calamidad	*calamity*

capacidad	*capacity*
cavidad	*cavity*
celebridad	*celebrity*
civilidad	*civility*
claridad	*clarity*
comodidad	*commodity*
compatibilidad	*compatibility*
complicidad	*complicity*
comunidad	*community*
conformidad	*conformity*
continuidad	*continuity*
crueldad	*cruelty*
culpabilidad	*culpability*
curiosidad	*curiosity*

D

debilidad	*debility*
densidad	*density*
dificultad	*difficulty*
dignidad	*dignity*
diversidad	*diversity*
divinidad	*divinity*
durabilidad	*durability*

E

elasticidad	*elasticity*
electricidad	*electricity*
entidad	*entity*
equidad	*equity*

eternidad	*eternity*
eventualidad	*eventuality*
excentricidad	*eccentricity*
exclusividad	*exclusivity*
extremidad	*extremity*

F

facilidad	*facility*
facultad	*faculty*
falsedad	*falsity*
familiaridad	*familiarity*
fatalidad	*fatality*
fecundidad	*fecundity*
felicidad	*felicity*
ferocidad	*ferocity*
fertilidad	*fertility*
fidelidad	*fidelity*
flexibilidad	*flexibility*
formalidad	*formality*
fragilidad	*fragility*

G

generalidad	*generality*
generosidad	*generosity*
gravedad	*gravity*

H

honestidad	*honesty*

hospitalidad	*hospitality*
humanidad	*humanity*
humildad	*humility*

I

identidad	*identity*
impenetrabilidad	*impenetrability*
imposibilidad	*impossibility*
improbabilidad	*improbability*
impropiedad	*impropriety*
impunidad	*impunity*
inactividad	*inactivity*
incapacidad	*incapacity*
incredulidad	*incredulity*
indignidad	*indignity*
individualidad	*individuality*
infidelidad	*infidelity*
infinidad	*infinity*
informalidad	*informality*
ingenuidad	*ingenuity*
inmensidad	*immensity*
inmoralidad	*immorality*
inmunidad	*immunity*
integridad	*integrity*
intensidad	*intensity*
irregularidad	*irregularity*

L

liberalidad	*liberality*

libertad	*liberty*
localidad	*locality*

M

maternidad	*maternity*
moralidad	*morality*
mortalidad	*mortality*
multiplicidad	*multiplicity*

N

nacionalidad	*nationality*
natividad	*nativity*
necesidad	*necessity*
neutralidad	*neutrality*
notoriedad	*notoriety*
nulidad	*nullity*

O

obscenidad	*obscenity*
obscuridad	*obscurity*
oportunidad	*opportunity*

P

paternidad	*paternity*
peculiaridad	*peculiarity*
personalidad	*personality*
perversidad	*perversity*

piedad	*piety*
pluralidad	*plurality*
popularidad	*popularity*
porosidad	*porosity*
posibilidad	*possibility*
posteridad	*posterity*
prioridad	*priority*
probabilidad	*probability*
probidad	*probity*
profundidad	*profundity*
prosperidad	*prosperity*
proximidad	*proximity*
puntualidad	*punctuality*
publicidad	*publicity*

R

rapacidad	*rapacity*
raridad	*rarity*
realidad	*reality*
receptabilidad	*receptability*
reciprocidad	*reciprocity*
regularidad	*regularity*
religiosidad	*religiosity*
responsabilidad	*responsibility*

S

sagacidad	*sagacity*
sensibilidad	*sensibility*
sensualidad	*sensuality*

serenidad	*serenity*
severidad	*severity*
simplicidad	*simplicity*
sinceridad	*sincerity*
singularidad	*singularity*
sobriedad	*sobriety*
sociedad	*society*
solemnidad	*solemnity*
solidaridad	*solidarity*
suavidad	*suavity*
superioridad	*superiority*

T

temeridad	*temerity*
tenacidad	*tenacity*
tonalidad	*tonality*
totalidad	*totality*
tranquilidad	*tranquility*

U

unidad	*unity*
uniformidad	*uniformity*
universidad	*university*
utilidad	*utility*

V

vanidad	*vanity*
variedad	*variety*

velocidad	*velocity*
veracidad	*veracity*
virilidad	*virility*
visibilidad	*visibility*
vivacidad	*vivacity*

Palabras que terminan en *ción* en español y en *tion* en inglés.

*Words that end in **tion** in English and in **ción** in Spanish.*

A

abducción	*abduction*
ablución	*ablution*
abominación	*abomination*
absolución	*absolution*
abstención	*abstention*
abstracción	*abstraction*
acción	*action*
acumulación	*accumulation*
acusación	*accusation*
adaptación	*adaptation*
adición	*addition*
administración	*administration*
admiración	*admiration*
admonición	*admonition*
adopción	*adoption*
adoración	*adoration*
adulación	*adulation*
adulteración	*adulteration*
afección	*affection*
afectación	*affectation*
afirmación	*affirmation*
aflicción	*affliction*
agitación	*agitation*
agregación	*aggregation*
alteración	*alteration*
ambición	*ambition*

amplificación	*amplification*
amputación	*amputation*
animación	*animation*
anticipación	*anticipation*
aplicación	*application*
apreciación	*appreciation*
aproximación	*approximation*
arbitración	*arbitration*
argumentación	*argumentation*
articulación	*articulation*
aserción	*assertion*
asimilación	*assimilation*
asociación	*association*
aspiración	*aspiration*
atención	*attention*
atracción	*attraction*
audición	*audition*
autorización	*authorization*
aviación	*aviation*

C

cancelación	*cancellation*
capitalización	*capitalization*
capitulación	*capitulation*
celebración	*celebration*
centralización	*centralization*
certificación	*certification*
cesación	*cessation*
circulación	*circulation*
circunspección	*circumspection*

citación	*citation*
civilización	*civilization*
clasificación	*classification*
coalición	*coalition*
colaboración	*collaboration*
colección	*collection*
colonización	*colonization*
combinación	*combination*
compensación	*compensation*
competición	*competition*
complicación	*complication*
composición	*composition*
comunicación	*communication*
concentración	*concentration*
concepción	*conception*
conciliación	*conciliation*
condición	*condition*
confección	*confection*
confederación	*confederation*
confirmación	*confirmation*
conflagración	*conflagration*
conglomeración	*conglomeration*
congratulación	*congratulation*
congregación	*congregation*
conjugación	*conjugation*
conjunción	*conjunction*
conmemoración	*commemoration*
conmiseración	*commiseration*
conmoción	*commotion*
conservación	*conservation*
consideración	*consideration*

constelación	*constellation*
consternación	*consternation*
constipación	*constipation*
constitución	*constitution*
construcción	*construction*
contaminación	*contamination*
contemplación	*contemplation*
contención	*contention*
continuación	*continuation*
contracción	*contraction*
contracepción	*contraception*
contradicción	*contradiction*
contravención	*contravention*
contribución	*contribution*
convención	*convention*
conversación	*conversation*
convicción	*conviction*
convocación	*convocation*
cooperación	*cooperation*
coordinación	*coordination*
corporación	*corporation*
corrección	*correction*
corrupción	*corruption*
creación	*creation*
cristalización	*crystallization*
culminación	*culmination*
cultivación	*cultivation*

D

declamación	*declamation*

declaración	*declaration*
decoración	*decoration*
dedicación	*dedication*
deducción	*deduction*
definición	*definition*
deformación	*deformation*
degeneración	*degeneration*
delegación	*delegation*
deliberación	*deliberation*
demarcación	*demarcation*
demolición	*demolition*
demostración	*demonstration*
denominación	*denomination*
deportación	*deportation*
deposición	*deposition*
depreciación	*depreciation*
depredación	*depredation*
derivación	*derivation*
descripción	*description*
deserción	*desertion*
designación	*designation*
desintegración	*disintegration*
desolación	*desolation*
desproporción	*disproportion*
destilación	*distillation*
destitución	*destitution*
destrucción	*destruction*
detención	*detention*
determinación	*determination*
detonación	*detonation*
devaluación	*devaluation*

devastación	*devastation*
devoción	*devotion*
dirección	*direction*
discreción	*discretion*
discriminación	*discrimination*
disipación	*dissipation*
disolución	*dissolution*
disposición	*disposition*
distinción	*distinction*
distracción	*distraction*
distribución	*distribution*
documentación	*documentation*
dominación	*domination*
duración	*duration*

E

edición	*edition*
educación	*education*
elección	*election*
elevación	*elevation*
elocución	*elocution*
emancipación	*emancipation*
embarcación	*embarkation*
emigración	*emigration*
emoción	*emotion*
enumeración	*enumeration*
enunciación	*enunciation*
equivocación	*equivocation*
erudición	*erudition*
erupción	*eruption*

estimación	*estimation*
evacuación	*evacuation*
evaporación	*evaporation*
evicción	*eviction*
evolución	*evolution*
exageración	*exaggeration*
exaltación	*exaltation*
excavación	*excavation*
excepción	*exception*
excitación	*excitation*
exclamación	*exclamation*
exhalación	*exhalation*
exhibición	*exhibition*
exhortación	*exhortation*
expedición	*expedition*
expiración	*expiration*
explicación	*explication*
exploración	*exploration*
exportación	*exportation*
exposición	*exposition*
extracción	*extraction*
extradición	*extradition*

F

fabricación	*fabrication*
facción	*faction*
fascinación	*fascination*
federación	*federation*
felicitación	*felicitation*
ficción	*fiction*

formación	*formation*
fortificación	*fortification*
fracción	*fraction*
fricción	*friction*
fumigación	*fumigation*

G

generación	*generation*
generalización	*generalization*
genuflexión	*genuflection*
gesticulación	*gesticulation*
glorificación	*glorification*
gradación	*gradation*
graduación	*graduation*
gratificación	*gratification*
gravitación	*gravitation*

H

habitación	*habitation*

I

identificación	*identification*
ignición	*ignition*
iluminación	*illumination*
ilustración	*illustration*
imaginación	*imagination*
imitación	*imitation*
imperfección	*imperfection*

importación	*importation*
imposición	*imposition*
improvisación	*improvisation*
imputación	*imputation*
inacción	*inaction*
inauguración	*inauguration*
incineración	*incineration*
inclinación	*inclination*
incorporación	*incorporation*
indicación	*indication*
indignación	*indignation*
indiscreción	*indiscretion*
indisposición	*indisposition*
infección	*infection*
inflación	*inflation*
información	*information*
infracción	*infraction*
inmigración	*immigration*
innovación	*innovation*
inscripción	*inscription*
insinuación	*insinuation*
inspección	*inspection*
inspiración	*inspiration*
instigación	*instigation*
institución	*institution*
instrucción	*instruction*
insurrección	*insurrection*
intención	*intention*
interjección	*interjection*
interpretación	*interpretation*
interrogación	*interrogation*

intersección	*intersection*
intervención	*intervention*
introducción	*introduction*
intuición	*intuition*
inundación	*inundation*
invención	*invention*
investigación	*investigation*
invitación	*invitation*

J

jubilación	*jubilation*
jurisdicción	*jurisdiction*
justificación	*justification*

L

lamentación	*lamentation*
legación	*legation*
legalización	*legalization*
legislación	*legislation*
liberación	*liberation*
limitación	*limitation*
liquidación	*liquidation*
locomoción	*locomotion*
lubricación	*lubrication*

M

manifestación	*manifestation*
manipulación	*manipulation*

masturbación	*masturbation*
mediación	*mediation*
mención	*mention*
migración	*migration*
mitigación	*mitigation*
moción	*motion*
moderación	*moderation*
modificación	*modification*
mortificación	*mortification*
multiplicación	*multiplication*
mutación	*mutation*
munición	*munition*

N

nación	*nation*
narración	*narration*
naturalización	*naturalization*
navegación	*navigation*
negación	*negation*
negociación	*negotiation*
noción	*notion*
nominación	*nomination*
notación	*notation*
notificación	*notification*
nutrición	*nutrition*

O

objeción	*objection*
obligación	*obligation*

observación	*observation*
obstrucción	*obstruction*
ocupación	*occupation*
opción	*option*
operación	*operation*
oposición	*opposition*
oración	*oration*
organización	*organization*
orientación	*orientation*
oscilación	*oscillation*
osificación	*ossification*
ostentación	*ostentation*
ovación	*ovation*
ovulación	*ovulation*
oxidación	*oxidation*

P

pacificación	*pacification*
palpitación	*palpitation*
partición	*partition*
participación	*participation*
penetración	*penetration*
percepción	*perception*
perdición	*perdition*
perfección	*perfection*
perforación	*perforation*
persecución	*persecution*
petición	*petition*
plantación	*plantation*
poción	*potion*

polución	*pollution*
porción	*portion*
posición	*position*
precaución	*precaution*
precipitación	*precipitation*
predicción	*prediction*
predilección	*predilection*
predisposición	*predisposition*
premeditación	*premeditation*
pemonición	*premonition*
preocupación	*preoccupation*
preparación	*preparation*
preposición	*preposition*
prescripción	*prescription*
presentación	*presentation*
preservación	*preservation*
prevaricación	*prevarication*
prevención	*prevention*
privación	*privation*
probación	*probation*
proclamación	*proclamation*
procreación	*procreation*
producción	*production*
prohibición	*prohibition*
proliferación	*proliferation*
prolongación	*prolongation*
promoción	*promotion*
promulgación	*promulgation*
pronunciación	*pronunciation*
propagación	*propagation*
proporción	*proportion*

proposición	*proposition*
proscripción	*proscription*
prosecución	*prosecution*
prostitución	*prostitution*
protección	*protection*
provocación	*provocation*
publicación	*publication*
pulsación	*pulsation*
pulverización	*pulverization*
purificación	*purification*
putrefacción	*putrefaction*

R

ración	*ration*
racionalización	*rationalization*
radiación	*radiation*
ramificación	*ramification*
ratificación	*ratification*
reacción	*reaction*
realización	*realization*
recapitulación	*recapitulation*
recepción	*reception*
reciprocación	*reciprocation*
recitación	*recitation*
reclamación	*reclamation*
recomendación	*recommendation*
reconciliación	*reconciliation*
recreación	*recreation*
rectificación	*rectification*
recuperación	*recuperation*

reducción	*reduction*
reelección	*reelection*
refracción	*refraction*
refrigeración	*refrigeration*
refutación	*refutation*
regeneración	*regeneration*
rehabilitación	*rehabilitation*
relación	*relation*
relegación	*relegation*
remuneración	*remuneration*
rendición	*rendition*
renovación	*renovation*
renunciación	*renunciation*
reorganización	*reorganization*
reparación	*reparation*
repetición	*repetition*
representación	*representation*
reproducción	*reproduction*
repudiación	*repudiation*
reputación	*reputation*
requisición	*requisition*
reservación	*reservation*
resignación	*resignation*
resolución	*resolution*
respiración	*respiration*
restitución	*restitution*
restricción	*restriction*
resurrección	*resurrection*
retracción	*retraction*
revelación	*revelation*
reverberación	*reverberation*

revocación	*revocation*
revolución	*revolution*
rotación	*rotation*

S

salutación	*salutation*
salvación	*salvation*
satisfacción	*satisfaction*
saturación	*saturation*
sección	*section*
seducción	*seduction*
segregación	*segregation*
selección	*selection*
sensación	*sensation*
separación	*separation*
significación	*signification*
simplificación	*simplification*
simulación	*simulation*
situación	*situation*
sofisticación	*sophistication*
solicitación	*solicitation*
solidificación	*solidification*
solución	*solution*
subscripción	*subscription*
substitución	*substitution*
superstición	*superstition*
suposición	*supposition*

T

terminación	*termination*

tracción	*traction*
tradición	*tradition*
transacción	*transaction*
transición	*transition*
translación	*translation*
transmigración	*transmigration*
transportación	*transportation*
transposición	*transposition*

V

vacilación	*vacillation*
variación	*variation*
vegetación	*vegetation*
veneración	*veneration*
ventilación	*ventilation*
vibración	*vibration*
vindicación	*vindication*
violación	*violation*
visitación	*visitation*
vocación	*vocation*
volición	*volition*

Palabras que terminan
en *io*, *ia* o *ía* en español
y en *y* en inglés.

Words that end in **y** *in*
English and in **io**, **ia**
or **ía** *in Spanish.*

A

academia	*academy*
accesorio	*accessory*
acrimonia	*acrimony*
adulterio	*adultery*
adversario	*adversary*
agencia	*agency*
agonía	*agony*
alegoría	*allegory*
alergia	*allergy*
analogía	*analogy*
anatomía	*anatomy*
aniversario	*anniversary*
anomalía	*anomaly*
antropología	*anthropology*
arbitrario	*arbitrary*
arteria	*artery*
artillería	*artillery*
astrología	*astrology*
astronomía	*astronomy*
autobiografía	*autobiography*
autonomía	*autonomy*

B

batería	*battery*

bibliografía	*bibliography*
bigamia	*bigamy*
biografía	*biography*
biología	*biology*
biopsia	*biopsy*
blasfemia	*blasphemy*

C

calvario	*calvary*
canario	*canary*
categoría	*category*
centenario	*centenary*
ceremonia	*ceremony*
clemencia	*clemency*
colonia	*colony*
comedia	*comedy*
comentario	*commentary*
comisario	*commissary*
compañía	*company*
complementario	*complementary*
constancia	*constancy*
contingencia	*contingency*
contradictorio	*contradictory*
contrario	*contrary*
controversia	*controversy*
copia	*copy*
corolario	*corollary*
cortesía	*courtesy*
culinario	*culinary*
custodia	*custody*

D

decencia	*decency*
deficiencia	*deficiency*
democracia	*democracy*
dependencia	*dependency*
depositario	*depository*
diccionario	*dictionary*
dinastía	*dynasty*
diplomacia	*diplomacy*
directorio	*directory*
discrepancia	*discrepancy*
disentería	*dysentery*
dormitorio	*dormitory*

E

ecología	*ecology*
economía	*economy*
elegía	*elegy*
emergencia	*emergency*
emisario	*emissary*
energía	*energy*
entomología	*entomology*
Epifanía	*Epiphany*
epilepsia	*epilepsy*
extraordinario	*extraordinary*

F

familia	*family*
fantasía	*fantasy*

farmacia	*pharmacy*
filosofía	*philosophy*
fotografía	*photography*
frecuencia	*frequency*
furia	*fury*

G

galaxia	*galaxy*
galería	*gallery*
genealogía	*genealogy*
geografía	*geography*
geología	*geology*
geometría	*geometry*
gloria	*glory*
glosario	*glossary*

H

historia	*history*
honorario	*honorary*

I

ideología	*ideology*
idolatría	*idolatry*
ignominia	*ignominy*
ilusorio	*illusory*
incendiario	*incendiary*
inconstancia	*inconstancy*
industria	*industry*

infamia	*infamy*
infancia	*infancy*
injuria	*injury*
innecesario	*unnecessary*
insolvencia	*insolvency*
intermediario	*intermediary*
ironía	*irony*
itinerario	*itinerary*

L

laboratorio	*laboratory*
lotería	*lottery*

M

matrimonio	*matrimony*
melodía	*melody*
memoria	*memory*
mercenario	*mercenary*
mercurio	*mercury*
metalurgia	*metallurgy*
ministerio	*ministry*
miseria	*misery*
misterio	*mystery*
modestia	*modesty*
monasterio	*monastery*
monopolio	*monopoly*

N

necesario	*necessary*
notario	*notary*

O

obligatorio	*obligatory*
observatorio	*observatory*
oratorio	*oratory*
ordinario	*ordinary*
orgía	*orgy*

P

parlamentario	*parliamentary*
parodia	*parody*
patrimonio	*patrimony*
pedagogía	*pedagogy*
perfidia	*perfidy*
periferia	*periphery*
perfumería	*perfumery*
pleuresía	*pleurisy*
poligamia	*polygamy*
pornografía	*pornography*
potencia	*potency*
presidencia	*presidency*
primacía	*primacy*
primario	*primary*
prodigio	*prodigy*
profecía	*prophesy*
promontorio	*promontory*
purgatorio	*purgatory*

R

reaccionario	*reactionary*

redundancia	*redundancy*
reformatorio	*reformatory*
remedio	*remedy*
repertorio	*repertory*
repositorio	*repository*
respiratorio	*respiratory*
revolucionario	*revolutionary*
rosario	*rosary*

S

sacristía	*sacristy*
salario	*salary*
sanitario	*sanitary*
satisfactorio	*satisfactory*
secretario	*secretary*
seminario	*seminary*
simetría	*symmetry*
sinfonía	*symphony*
sociología	*sociology*
soliloquio	*soliloquy*
solitario	*solitary*
subsidiario	*subsidiary*
subsidio	*subsidy*
sumario	*summary*
suplementario	*supplementary*
supremacía	*supremacy*

T

tardío	*tardy*

taxidermia	*taxidermy*
tecnología	*technology*
tendencia	*tendency*
teoría	*theory*
terapia	*therapy*
terminología	*terminology*
territorio	*territory*
testimonio	*testimony*
tiranía	*tyranny*
topografía	*topography*
tragedia	*tragedy*
transitorio	*transitory*

U

urgencia	*urgency*
urinario	*urinary*

V

veterinario	*veterinary*
victoria	*victory*
visionario	*visionary*
vocabulario	*vocabulary*
voluntario	*voluntary*

Z

zoología	*zoology*